AF363217

FRANCESCO SALAMINA

18
CANZONI LIBERE

Prefazione di Claudia Mazzilli

Youcanprint

Titolo | 18 Canzoni libere
Autore | Francesco Salamina
ISBN | 978-88-92605-39-8

© Tutti i diritti riservati all'Autore
Nessuna parte di questo libro può essere riprodotta senza il preventivo assenso dell'Autore.

Youcanprint Self-Publishing
Via Roma, 73 – 73039 Tricase (LE) – Italy
www.youcanprint.it
info@youcanprint.it
Facebook: facebook.com/youcanprint.it
Twitter: twitter.com/youcanprintit

Al padre e alla madre

nel nome nostro…

Tu come vivi cara anima? e il padre?

Qui sotto questo lieto cielo, dove

la primavera lentamente invecchia

ed in un'aria tiepida l'autunno

intorno sparge i suoi frutti dorati,

in questa buona isola dovremo

ritrovarci: la mia speranza è questa.

...

    Da "Emilia" Friedrich Holderlin

FRANCESCO SALAMINA

18
CANZONI LIBERE

Prefazione

È sempre difficile avvicinare il pubblico, anche un pubblico colto, alla poesia ardua e raffinata di Francesco Salamina, che ci dona questa raccolta di diciotto canzoni libere. È questa un'opera matura, che segue prove altrettanto impegnate (ed impegnative per noi lettori!): *Verso il Cielo del Leone* (Campanotto Editore, Udine 2000), *La Poesia è femmina* (Campanotto Editore, Udine 2004), *Le Rose Infedeli* (Tipografiche Fusillo Noci Bari 2004), *Poema dell'invisibilità* (Campanotto Editore, Udine 2010), *Delle esistenze possibili* (Ibiskos Ulivieri, Empoli 2012, opera finalista al Premio Letterario Città di Empoli Domenico Rea 2012), *Erminia* (Youcanprint 2014).

La prima osservazione non può non partire dal titolo, e quindi dalla definizione di genere, la canzone libera: Francesco Salamina, rivendicando l'italianità del proprio comporre, recupera alcuni esperimenti che da Alessandro Guidi a Giacomo Leopardi hanno reso sempre più metricamente libera la canzone.

Ma soprattutto, forse per la prima volta, Salamina osa liberarsi dall'architettura del poema in stanze, che dava una struttura narrativa al suo poetare, e adesso si cimenta in testi formalmente rigorosi sul piano della forma, ma assai liberi nei temi ispiratori. L'effetto di questa silloge è quello di una piacevole e ondivaga *varietas*, di una *poikilía* composita e callimachea, proprio perché i caposaldi della sua poetica sono stati posti già nei poemi precedenti, vere e proprie "fondazioni".

Eppure, in ciascuna di queste canzoni, Salamina non smentisce se stesso. Lo si riconoscerebbe anche se il libretto ci fosse consegnato anonimo, o mutilo delle prime pagine.

In **Assenze**, con evidente funzione proemiale, il poeta intona la voce, che è il proprio strumento musicale di canto-incanto. La poesia quasi stenta a levarsi, affaticata dalle assenze e dai dissensi della vita, tuttavia *"il linguaggio s'indora"*, si cimenta *"tra supplizio e delizia"*, prova ad accordare le figure retoriche più care all'*usus scribendi* di Salamina (assonanze, allitterazioni, rime interne ed iterazioni, che rendono il suo verso così fluido, tutt'altro che freddo e congelato, modellato sull'alessandrino della migliore tradizione parnassiana). Tuttavia questa armonia musicale non è mai maniera autocompiaciuta né puramente consolatoria (*qualcuno discorda e pensa che senza l'illusa/ melodia nessuna musica saprebbe addolcire/ il rammarico delle assenze*). In piena e coerente adesione alla concezione dell'arte come *sogno diurno* (secondo la definizione che Salamina ha coniato in alcuni suoi saggi critici), come *ragionato disordine dei sensi* (citando Rimbaud), la Poesia non intende risolvere le contraddizioni dell'esistente, sconfinando in una qualche Ideologia o Teoresi. La Poesia rifugge da soluzioni appaganti e definitive, non è al servizio di nessuna Verità e la sua unica Etica è linguistica e metalinguistica, analogica e sinestetica. Riecheggia, infatti, nella poesia di Salamina, la lezione dell'arte per l'arte dei poeti francesi Baudelaire, Verlaine e Rimbaud, che non è solo ribellione, maledettismo o provocazione, ma ha soprattutto un valore programmatico: quanto più il poeta raffina la propria ricerca formale e si eleva sull'ordinario, tanto più le antitesi tra Bene/Male, Malinconia/Felicità, Angelo/Satana, Pace/Guerra, Amore/Odio, Ricchezza/Squallore tendono ad azzerarsi se viste da una scoscesa e verticale altezza, perché la Poesia risolve gli ossimori nella valenza musicale e figurata del linguaggio: essa risiede nell'atto non richiesto di un'auto-meta-comunicazione estrema e che strema l'intelletto e i sensi. La Poesia, dunque, si limita ad accogliere ogni ossimoro in armonia della parola, senza davvero risolverlo nella sua intima contraddizione, esibendo spine d'ortica e di dolce mora.

...ma quando queste
si orchestrano in un razionale senso avverso di
incompiute tonalità affettive allora nessuno
saprebbe ben sperare della dolce missione
del cuore; a volte, infido, punge come l'ortica
maschia sperando, d'ultimo, che sia mora...

La musicalità che dà ritmo e cadenza anche a quest'ultima opera di Salamina non tradisce, dunque, le sue riflessioni sull'epistemologia del linguaggio poetico e la sua lunghissima militanza di *poeta recitante*. Salamina, infatti, negli ultimi trent'anni, non solo è stato autore fecondo, ma ha anche portato in tutta Italia ed Europa la poesia dei grandi classici (Dante, Petrarca, Shakespeare, Baudelaire, Rimbaud, Verlaine, Kavafis, Martì, Pasolini, Neruda, Garcia Lorca) riprendendo sia la grand'attorica del Secondo Ottocento, sia la musicalità, l'oralità, la cantabilità della poesia epica e della lirica arcaica greca. Infatti il poeta recitante, secondo quanto illustrato da Salamina nei saggi critici e in moltissimi incontri con il pubblico, è altro sia dal poeta che improvvisa la sua poesia in modo sciatto, plebeo e non professionale, sia dall'attore, che non sempre coglie i ritmi invisibili della poesia, gli arpeggi segreti, fermandosi alle pause apparenti del testo scritto.

In **Cinzia** è evidente la ripresa del poeta elegiaco latino, le cui *Elegie* avevano già profondamente ispirato il poemetto *Erminia*; ripresa insieme classica e modernista, imprescindibile dall'*Omaggio a Sesto Properzio* di Ezra Pound, secondo quell'ardita e pur naturale contaminazione di stili e modelli di cui Salamina è capace e che conferisce ai suoi componimenti un'intrinseca letterarietà e raffinatezza che non è mai artificio, ma originalità che rinnova la metatemporalità sempre feconda della poesia. I nuovi poeti, se sono grandi, assomigliano ai classici non come calchi ma come figli, affini ma anche imprevedibilmente diversi (*"in poesia nulla è vecchio e nulla è nuovo"*, ripete spesso Francesco Salamina negli incontri con il suo pubblico).

Così anche in **Giardini** la tessitura intertestuale della canzone si fa complessa e imprevedibile: la descrizione della bellezza femminile, insieme corporea e poeticamente trasfigurata, sembra essere filtrata non solo dal linguaggio della poesia, ma anche da alcuni archetipi figurativi otto-novecenteschi di "Bagnanti". Come nell'*ekphrasis* (la *descriptio* di opere d'arte) della migliore poesia greca e latina, la Poesia prende a prestito i mezzi della pittura e della scultura, emulandole in *evidentia*, capacità di restituzione plastica (*…scultoree/con vene di sangue nuovo*) e policromatica (*sfumate le carni/ di un rosa variante al sole;/… adombravano mentre i raggi scaldavano/il rossore buio; … il nero profondo salì confondendo/i colori; la scena vibrò passaggi/perfetti dal buio sognante al rosa/evidente…*), persino attraverso espliciti riferimenti a modelli pittorici, oltre che poetici (*era l'estate del mare e come nella/ notte stellata di Van Gogh le nubi/ disegnavano comete…*).
Tale procedimento non è raro nella poesia di Salamina, che sa *"di ciottoli d'Egeo"* e nel contempo interseca *"linee spezzate e cubiste"* (tali dichiarazioni di poetica non sono rare nel *Poema dell'Invisibilità* e in

quello *Delle esistenze possibili*): è così che Salamina rivendica simultaneamente la propria antichità, la propria classicità fuori del tempo, e insieme la consapevole appartenenza al proprio tempo: quale allusione, se non il riferimento alla storia dell'arte, avrebbe reso meglio lo sfondamento di piani che tenta la Poesia, la sua poliedrica capacità di cogliere l'invisibile andando oltre ogni sforzo di mimesi, ponendo al centro nient'altro che il proprio stesso linguaggio?

L'**Unicorno**, **Fantasmi** e **Una ode** costituiscono invece un trittico: la prima canzone ci presenta una situazione rara nella poesia di Salamina, dove quasi mai le donne sono all'altezza dei desideri, più spesso, invece, restano schiacciate dalle necessità, dalle convenzioni e censure culturali, dai perbenismi, e faticano a seguire il Poeta sui sentieri impervi di un Amore libero e puro, l'unico capace di nutrire ed ispirare la vera Poesia. Lo stile poetico è caratterizzato dall'ecolalía, che riproduce la persistenza del ricordo di questa donna così libertina, impudente, speciale: trionfano le rime interne (*sera... primavera; via... sia; infelicità... verticalità; speranza... stanza; lussuoso... cosa... lussuosa...*), le iterazioni (*la incontrai... la incontrai... la incontrai...; come... come... come...*), le riprese quasi poliptotiche (*languida... illanguidiva...*), le allitterazioni e i giochi etimologici (*Firenze... farfalle... fiore...; stanza... stanca; si fiondò, felina...*), le assonanze (*lido tinto*), che sono un ulteriore e splendido esempio della cantabilità che guida anche il procedimento compositivo di Salamina, che nasce dal ritmo, dall'eco del canto, fin dal suo primo concepimento.

Il poeta, raccontandoci quest'avventura, dimostra di avere un superiore destino di elezione e maledizione proprio perché sa amare senza mezzi termini e convenienze e convenzioni (ciò rinvia alla matrice decadente e francese della sua poesia, in termini non solo antiborghesi ma anche metaletterari: l'arte per l'arte, l'amore, e quindi la poesia, come un Assoluto totalizzante).

Tutto ciò è spiegato nella poesia successiva *Fantasmi*, che quasi chiosa e rielabora la vicenda narrata nella canzone precedente: qui il poeta celebra l'anarchia d'amore *(allora dobbiamo innamorarci? cosa dite/ voi che date dell'amore una versione pratica/ e tonificante? come se in ogni grazia di/ un ammaliato destino vi fosse il controllo/ delle magnificenze…/ voi misurate il contatto delle carni, voi/ misurate i respiri con plebeo saluto alle/ virtù sociali? un amore ha un suo fato che arde/ in riflessi urticanti…/ e fra questi, senza alcuna sapienza, diamo/ illusione e marmo fiorito).* Il poeta amante non conosce l'oraziano *modus in rebus*: eppure la terza canzone di questo trittico, *Una ode*, contemporaneamente smentisce ed invoca l'oraziana *mediocritas*, che funziona non tanto come richiamo moralistico alla moderazione ma come dispositivo metaletterario, che ispira la propria poesia al rigore e al *labor limae* dei poeti augustei.

Lo stesso accade per la canzone *I fasti e le feste*:
Salamina apparentemente respinge il modello, Ovidio;
in realtà se ne appropria, con un procedimento
pindarico ed una rievocazione ellittica della vita
dell'autore antico, relegato nella barbara Tomi.
Paradigmatica è infatti la vicenda del Poeta di Sulmona,
poeta degli amori plurimi e liberi sopra tutti i poeti
latini, che ha tentato invano, con gli incompiuti *Fasti*, di
piegare la Poesia alla propaganda. Ma la Poesia si è
mostrata recalcitrante, recalcitrante (e maledetto) è
stato lui stesso, il Poeta, perché la vera Poesia risponde
solo a se stessa e a nessun potere, né politico né
religioso.

> *Potrebbero i Fasti di Publio Ovidio Nasone*
> *essere mercanzia di certe idee di gloria…*
> *e quanti imperatori, oggi come ieri, ricordano*
> *Giulio Cesare Germanico?*
> *Quanti e quanti poeti stranieri s'inchinano*
> *alla Poesia deviando dalla divina*
> *sacrestia per fasti*
> *illusi e irrisori…*
> *(…)le feste galanti, quelle che ricordiamo…*
> *che rivediamo e vorremmo cantare tra i fasti*
> *di Germanico imperatore…*
> *ma dov'è costui? vanesio millantatore della*
> *sua stessa vanità…*
> *le sue furbe puttane danzano un giro di*
> *valzer e lo cercano e lo desiderano nel*
> *salone austero delle mercanzie…*

Sono le stesse riflessioni sviluppate anche nella canzone **Le buone idee**: *Abbiamo saputo ben sperare noi che viviamo/nell'isola tormentata e falsa delle buone idee./ Quale buona idea mi suggerisci? una idea che faccia/seguito alla infelicità turchina della notte?/Non hai idee se non quelle così false e tenere/e beate che dai conventi alle chiese e alle piazze/ snoccioli con la eccitante parlata delle sacrestie....*

In altre canzoni, invece, il Nostro si concentra non sul ragionamento generale, ma sulle vite dei singoli. *Monica* sembra cogliere, con linguaggio decadente ma anche con profonda umanità, la solitudine sfiorita e ancora seducente di una donna (probabilmente una prostituta) in attesa dei clienti sul lungomare della città levantina, e Bari si fa esotica come Bucarest nei versi del poeta (*Monica di Bucarest aveva un viso ebraico e stazionava pallida sul lungomare arterioso/delle attese. Bruna e scavata come i sentieri/ignobili della bellezza umiliata, dimenticata/... arbitra di un flesso d'onde che dava /segnali di pelle e di scialli zingari...*). Si tratta di un' *"elegia appena sorretta dalla storia"*, come la definisce il Poeta all'interno della canzone stessa, con la stessa vertiginosa capacità di penetrazione psicologica che Salamina aveva mostrato in un'opera di pochi anni fa, *Delle esistenze possibili*, dove aveva saputo cimentarsi in temi sociali, rappresentando esperienze di vita opposte tra loro o estranee alle scelte esistenziali del Poeta. In **Candida**, ad esempio, la protagonista è una suora: *dolcissima e ingrata dagli incrociati e feroci/ricami. Rivivrai nel nome di*

Cristo d'amore?/ e se non è amore cos'è dolcissima e ingrata? è il supplizio! e tu lo sai! e questo tuo Signore/ si farà vivo o continuerà a darsi esilio in/ solenne inutilità di inutile sposa....

Altrove, la poesia di Salamina rinuncia a qualsiasi salino deposito di senso per farsi musica pura e distillata, come in **Costiera** (*Come una/ eco insaporita di fiabe e narrazioni improprie/ che muoiono sull'onde e sulla costa solenne...*), in un'ecolalía fastosa, che gareggia con la natura stessa, con lo *"sciabordio"* delle onde e le sue *"insensate memorie"*. O nell'ultima canzone (**Dal mare...**), quadripartita in quattro tempi e dedicata al mare: abbandonarsi al suo canto-incanto è un'arte difficile e sapiente.

> *Il mare ha il velo ignoto del nostro*
> *destino con le sue piazze e le strade e i vicoli*
> *invisibili e i palazzi invisibili...*
> *dove viviamo da sempre, da tempo millenario*
> *guardando e ammirando un senso implacabile*
> *di suoni. Così ci parla il mare!*
> *Eccolo dalle sabbie arenanti vascelli di*
> *dottrina fermarsi e darci vento, darci melodia.*

(...)

> *Eppure il mare mi fu avverso per anni, mi fu*
> *nemico, marinaio senza legno e senza vela*
> *se non quella della disperata immobilità:*
> *e da quelle spiagge allungai la vista, urlai*
> *il disappunto della estraneità.*
> *Eccolo il mio mare! rompe gli ormeggi e rompe ogni*
> *pietà... e salpai e navigai, andai con un sol remo, oltre,*
> *sempre oltre. Ecco la terra!*
> *Ecco il sogno! Andai con tutte le lacrime*

Questo chiede a noi lettori l'autore, come l'aveva chiesto a se stesso all'inizio del suo viaggio nella Poesia (iniziazione e dannazione), quando era un ibrido, un uomo-poeta dal verso ancora incerto e acerbo, sospeso tra quotidianità biologica e corriva e superiorità della Poesia, quand'era marinaio senza legno e senza vela, condannato ad una disperata immobilità.

Claudia Mazzilli

A s s e n z e

Distesa su una sabbia di domande avverse e di
aurore profonde lei apre le arcate per troppo
tempo chiuse; si va in profondità e la fonte sgorga
fra sussulti variopinti e rauchi assensi quasi
la voce fosse inibita dalla voce assente…
il linguaggio s'indora di strane avvenenze che
adombrano il viso scultoreo d'espressione…
il dolore e la delizia, l'etica multiforme
degli assensi e dei dissensi, delle delizie che
negano le delizie fino a disperare delle
domande avverse e della volontà di supplizio.
Come è possibile? Una delizia che fa supplizio
e filosofia acre, filosofia che aiuta a darsi
impegno sulla solennità delle chiusure…
Che si possa diffidare del cuore infido e si
possa infierire capricciosamente sulle melodie
illusorie è un vero distante… ma vero…
qualcuno discorda e pensa che senza l'illusa
melodia nessuna musica saprebbe addolcire
il rammarico delle assenze; ma quando queste
si orchestrano in un razionale senso avverso di

incompiute tonalità affettive allora nessuno

saprebbe ben sperare della dolce missione

del cuore; a volte, infido, punge come l'ortica

maschia sperando, d'ultimo, che sia mora…

Cinzia

Voglio dirvi di Cinzia e di me povero

amante. Era il novecentosettantatrè

e dimoravo ai Prati in uno scantinato,

stentavo a vivere pur di vendemmiarmi

alla Poesia. Dario, Mario, ed altri in

una specie di parnaso trasteverino.

Mai una lira, solo letture e fame, e

quelle recite, a notte, su via dei

Genovesi; in quella Via, a notte, mentre

lodavo il gran Cirano incontrai Cinzia;

era bruciante; una luce messianica

diffuse e vi fu un imperfetto tepore

del cuore; "poeta ecco il mio amore", disse.

Che istante! disse, malefico, il cuore…

era la regina di Trastevere e

la sua casa, lussuosa, fioriva tra

le rose; vi vivevo inconsapevole

e ruffiano. Sapevo e non sapevo…

era vicina alla felina del gran

Sesto e ne fui certo quando la vidi

passeggiare in quel modo incerto…

e poi lo stesso nome:

Cinzia… mi si schiantò il cuore…

era lei la cortigiana trasteverina

la regina degli amori…

Giardini

Erano appena arrivate le bagnanti

e una specie di profondità le avvolse

da un insieme aereo; sfumate le carni

di un rosa variante al sole; parevano

essere in un incerto dominio…

adombravano mentre i raggi scaldavano

il rossore buio; erano in un circolo

di sabbia fra vezzi magnifici; scultoree

con vene di sangue nuovo; la sabbia

sbriciolava. Tolsero l'imatio superiore:

seni e stretti di mare;

il nero profondo salì confondendo

i colori; la scena vibrò passaggi

perfetti dal buio sognante al rosa

evidente… si vedevano dal giardino

della villa mentre il maestrale scudisciava

gli ulivi che balzavano in schiera…

era l'estate del mare e come nella

notte stellata di Van Gogh le nubi

disegnavano comete…

la terrazza sudicia, i cocci spezzati

e fiori avvizziti dal sale; era maritata
ed era a pezzi come i fiori; le cinsi
il corpo languido, bagnante…
vibravano la schiena e l'anima nel
rauco orgasmo d'approdo…

L'Unicorno

La incontrai in via dei Tornabuoni una sera
di primavera languida; erano sere
tristi, solitarie e con la speranza
della anarchia. Firenze illanguidiva
e respirava d'ansia superba. La
odiavo Firenze. Che infelicità
estrema dalla verticalità feudale
o medioevale che sia! triste come una
colomba sul Ponte Vecchio…
la incontrai su via dei Tornabuoni e mi
baciò come un lido tinto…
come avrei potuto se non negando
ancora! e fu crudele come Firenze
e le sue farfalle in fiore…
l'albergo era lussuoso con uno strano
nome, Unicorno, e plaudivo al senso
ridente della cosa…
la incontrai nella stanza
lussuosa, stanca del lungo viaggio. Dalla
Sicilia, dal suo bruno sapore con
occhi di castagno selvatico…

eravamo distesi…

"è suo marito!", "lo passi pure", "come

va?" tutto bene in casa?" "sì e tu?" "non sei

con lui?", "sì è qui". Gelai…

salutò e si fiondò, felina, urlando

di piacere. Ridemmo sguaiati mentre

trillava ancora il campanellino…

Fantasmi

Da un passato annotato di elegie e di vecchi
alessandrini ritorna un vano di esistenze
libere e sciolte e i fantasmi ricordano e approvano
l'anarchia dell'amore e della sua evanescenza.
Quando una femmina tocca il valore indolente
dei giorni e delle notti una ardente idea filosofeggia,
allora la vastità delle muraglie si restringe
e un respiro timorato resuscita intollerante
e vanesio. Ecco l'amore, ecco la rinascenza
delle intolleranti perversioni…
che la percezione d'amore obliqua un tormento
dolcissimo e stregante…
la regressione verso la urticante versione
dei timorati riflessi desiderosa di
languori… ecco il desiderio languido dei riflessi
di una flora magnetica e agitata: la flora
delle feste eleganti appena sognate e vissute
dove ha ruolo l'amore, urticante e desiderato,
umiliato dalla ragione…
allora dobbiamo innamorarci? cosa dite
voi che date dell'amore una versione pratica

e tonificante? come se in ogni grazia di

un ammaliato destino vi fosse il controllo

delle magnificenze…

voi misurate il contatto delle carni, voi

misurate i respiri con plebeo saluto alle

virtù sociali? un amore ha un suo fato che arde

in riflessi urticanti…

e fra questi, senza alcuna sapienza, diamo

illusione e marmo fiorito.

Una ode…

Una ode a lei la fastosa signorina che intiepida
ogni maliziosa verità. Che ne direbbe
Orazio, maestro d'odi, se dovessi innazzarla,
per i sacri orgasmi, alla regale solennità…
una ode, sì una ode…
che lei è la più famelica e urticante e quando la
notte sussurra di svitati uccelli lei paventa
un teatro di note altissime…
una impeccabile orchestrale che annota suoni e
fa sanguinare labbra gonfie fra denti di magnesio
vulcanico… eruttano orgasmi bianchi e liquidi
e dalla fantasia di Frine ritorna l'idea
di non aver ritegno.
Tu Orazio sei degno di respingere a fatica
Frine, io no! di lei voglio per ore e notti intere
abbagli di lupa e morsi di vaganti aperture
fino a dirle che, lei più di Frine, è la più sfrenata
delle urticanti gioie…

Monica

Monica di Bucarest aveva un viso ebraico
e stazionava pallida sul lungomare arterioso
delle attese. Bruna e scavata come i sentieri
ignobili della bellezza umiliata, dimenticata.
Eppure da quel viso galante e umiliato il
languore della virtù perduta fece danzare
l'ultima passione del mare, laggiù nel fianco
materno, laggiù nella città lontana…
e le danzai le aperte parole d'amore come
il fiore fresco e insaziabile, come l'elegia
appena sorretta dalla storia, un dinamico
assenso al pudore della magnificenza aperta,
insolente, arbitra di un flesso d'onde che dava
segnali di pelle e di scialli zingari…
Monica d'amore, per un istante tutto l'amore
del mondo e l'amore delle anime beffarde…

La costiera

I golfi sinuosi delle costiere chiuse fanno
rabbrividire. E da Napoli fino a Salerno
il brivido dell'acqua salina arriva alle nari
e ai tocchi di insensate memorie. Come se
la costa di Maiori ripetesse lo sciabordio
indicibile. Ecco l'ansa chiudersi ancora! In
variabile contrasto di colori dalla terrazza
le nubi e un sole paglierino rifiondano
certe mercanzie e certe avarizie di contatto
che farneticano con il cuore. Chi ha mai
raccontato di questa costa inviolata e di queste
maree invertite che affondano e resuscitano?
Chi se non il riflesso delle onde innamorate
che dalle coste e dai fondali ridanzano il
bagliore delle madrepore nascoste. Come una
eco insaporita di fiabe e narrazioni improprie
che muoiono sull'onde e sulla costa solenne…

Candida

Avevo di te suora dolcissima e avida ricordo
di un suono di tornelli virtuosi che giravano
dinanzi al convento dalle grate clarisse…
attraversarli era un confine da mondo a mondo
e i profumi di un Altissimo invisibile
diffondevano al di là del tornello ideale…
e tu bellissima Candida santificavi,
avida, il rumore chiuso e narciso della
circolarità che apriva alle navate e chiudeva
il fondo austero del delitto umano…
e al tuo amore, Candida, chi ha mai pensato?
se non quel vorticare di grate e un vociare di
navate senza voce con un silenzio di volti
allunati che da quei tornelli tornavano
notturni reliquari a crocifiggere…
e il volto va al cielo e per un attimo la
melodia umana risuona come allora… Candida…
così Cristo si è fatto strada per quelle tortuose
e barocche vanità che tu, dolcissima, chiami
amore. Ci pensi? Un amore che non ha amore
se non nella espressione colorata di una astratta

e immacolata umiltà…

e tu abbagli solo i ricordi e alzi, timorata,

il volto alle sacramentate nuvole; cosa

fai tu? niente, solo il nulla…

dolcissima e ingrata dagli incrociati e feroci

ricami. Rivivrai nel nome di Cristo d'amore?

e se non è amore cos'è dolcissima e ingrata? è il

supplizio! e tu lo sai! e questo tuo Signore

si farà vivo o continuerà a darsi esilio in

solenne inutilità di inutile sposa…

Le buone idee

Abbiamo saputo ben sperare noi che viviamo

nell'isola tormentata e falsa delle buone idee.

Quale buona idea mi suggerisci? una idea che faccia

seguito alla infelicità turchina della notte?

Non hai idee se non quelle così false e tenere

e beate che dai conventi alle chiese e alle piazze

snoccioli con la eccitante parlata delle sacrestie…

una idea per amare…!

e allora vieni nella mia casa festosa, al

desiderio inesausto delle ore d'agata

che in nobile disegno danno il ritmo delle vagine

battenti e festanti…

la tua vagina ha un frastuono di avarizie e

mal fai a darti esilio dal mio letto d'agata…

eccola l'idea! Ti piace? sì ti piace, lo sento

e quale altro luogo potrebbe intenerirti tanto?

altro che il convento, il rosario e la virtù

delle immacolate idee…

I fasti e le feste

Potrebbero i Fasti di Publio Ovidio Nasone

essere mercanzia di certe idee di gloria…

e quanti imperatori, oggi come ieri, ricordano

Giulio Cesare Germanico?

Quanti e quanti poeti stranieri alla Poesia s'inchinano

deviando dalla divina sacrestia per fasti

 illusi e irrisori…

che le Feste del tempo non numerano ricordi

saturnini impropri…

oggi la modernità asfissia di inutilità

e le stelle del leone sembra debbano perdere

luce mentre gennaio e giugno si affratellano

nella più negletta delle contraddizioni…

urticante melodia del vezzo sanguigno di

libertarie sequenze inutili…

le feste galanti, quelle che ricordiamo…

che rivediamo e vorremmo cantare tra i fasti

di Germanico imperatore…

ma dov'è costui? vanesio millantatore della

sua stessa vanità…

le sue furbe puttane danzano un giro di

valzer e lo cercano e lo desiderano nel

salone austero delle mercanzie…

Esili...

Raccontano di certi esili e di certe prigionie
le pietre del castello sempre ferme e ieratiche...
di Bianca, di Filippa, di Giovanna...
sequenze immobili, canti pietrificati, scene
austere e sanguinarie. Avrebbero ben cantato
le pietre immobili delle loro solennità
e invece raccontano di amori languidi e di
amori stuprati...
la storia, le pietre, le geometrie di cataste
di sedimenti tutte cementate da lacrime.
Ne ruscellano gli occhi...
sono gli esili dei cuori, delle rose trafitte,
dei seni suicidati dall'infamia e dalla vanità.
Stiamo sulla torre alta di un Arcangelo e vediamo
le erbe trafitte e una Lancia.
Vediamo la luna e le stelle piegarsi sul castello
di pietre vedove.
Un maestrale estivo rimuove le barriere del
tempo e le vediamo: Bianca, Filippa e Giovanna
nel cerchio del tesoro e nel cerchio del cielo...

Dal mare…

Un mare celeste dalle grondaie millenarie
trabocca infinito sui nostri finiti respiri.
Trabocca con suono alterno e dominio sicuro
fantasticando di ritmi a vele gonfie e sicure.
Una maniera celeste per far gravitare,
sospesa, l'illusa valenza dell'essere da
un vuoto vissuto ad un pieno di essenze, di
larghe influenze terrestri, liquide, varianti di
avversi sostegni e fragori…
ecco le rivalità e le avversità marine,
di sabbie e ciottoli piegati, di mari e di legni
antichi. Il mare ha il velo ignoto del nostro
destino con le sue piazze e le strade e i vicoli
invisibili e i palazzi invisibili…
dove viviamo da sempre, da tempo millenario
guardando e ammirando un senso implacabile
di suoni. Così ci parla il mare!
Eccolo dalle sabbie arenanti vascelli di
dottrina fermarsi e darci vento, darci melodia.
Ascoltalo! Vedrai quale argomentare di vasta
vastità. Hai mai parlato con il mare?

L'hai mai veduto sulla cattedra della remota

sapienza? Ha un fondo che annuncia fraterne e avverse

sinfonie. Ecco le sponde delle dinastie dove

seppe lievitare il cuore oceanico…

il mare! quale altra frequenza ritmica potrà

mai dare dolcezza e discrezione fra benevolenze

e violente dannazioni…

Attraversamento

Eravamo seduti su una roccia rosea e levigata
e parlavamo, io e Ada, del tempestoso rigonfio
malessere che avanzava dal golfo dei poeti.
Spruzzi sanguigni salivano e il sale insaporiva
baci e tempestose volontà…
in quegli anni assatanati dal verbo superbo
della rivoluzione sentivamo, Ada ed io, una
allusione furtiva e sentivamo dentro una
variante diversa che spirava da certe lontananze,
da certe esuberanze d'oceano…
l'oceano come una liquida valenza su cui
poggiare il sogno delle metafore e delle fughe.
Avremmo voluto, Ada ed io, navigarlo e sentirlo
ferire i nostri pensieri e le poesie.
Ecco le nostre poesie inabissarsi e vivere
le piazze del mare con i fratelli delfini
e anche con i pescecani…
rimane ancora quel sogno marino dell'attraversamento
e a volte ne parliamo, Ada ed io, con la gaia nostalgia
che fa vela dal roseo mattutino
oltre il golfo dei poeti…

La Luna e il mare

D'agosto nella bella estate il mare a notte

sembra fantasticare e innamorarsi…

i luccicori e i brillamenti e le lucciole di

mare, le dense schiume, i quadrati di nero denso

avvolgono e straripano sulla riva e sulla

ripa. Del suo innamoramento notturno la luna

sa inebriarsi e, a suo dispetto, lo illumina e lo argentea.

Il mare si scopre addolcito e schernisce la luna,

la guarda sornione, ne alza il lamento, sospira.

Ecco le fila dei giovani amanti sulla sabbia

che vortica amplessi di mare e di luna…

che bella e vanesia la luna! Che dolce lamento

dal mare che ruota dal mare nel mare…

un gabbiano lancia uno strano clamore, riecheggia

un silenzio e un riposo d'amore…

Il sogno

Era mareggiante il sogno della primavera
giovanile quando dalle sabbie di Versilia
si colorava e spumeggiava d'anarchia…
oltre quella costa che va dalla Marina di
Massa al Forte il mare era la catapulta
dalla quale avrei lanciato frecce di surrealità.
Eppure il mare mi fu avverso per anni, mi fu
nemico, marinaio senza legno e senza vela
se non quella della disperata immobilità:
e da quelle spiagge allungai la vista, urlai
il disappunto della estraneità.
Eccolo il mio mare! rompe gli ormeggi e rompe ogni
pietà… e salpai e navigai, andai con un sol remo, oltre,
sempre oltre. Ecco la terra!
Ecco il sogno! Andai con tutte le lacrime
del mondo, andai e benedissi
il mare e le sue acque e quelle lacrime…

Specchi I

Inlividiscono i languori e la risacca

è rumorosa, ecco Geremia nella

Cappella romana: cosa medita?

un'ossessione d'amore,

una intesa segreta

con gli astri che non siano Dio? Ne siamo

certi e l'artista e il devoto del Signore

piegano sempre il Creabile all'Amore:

è questo il dono amante

che sulle volte dei cieli stellati

imprimono specchi concavi dove

riflettono, in luce di pianto, i rimpianti.

Specchi II

Le lacrime disegnano vortici
sospesi, fra le gote; alzano in lieve
movimento poi deprimono…
e le gote sono lo specchio di un
campo ignoto: in lui riflette
il cielo stellato e rivoli
di rose dalle inarcate
frequenze: ritmiche nelle notti a specchio
e inumane; se l'immagine suicida
in disperate ineguaglianze
la greggia è al pascolo e si intona la
Lira non distinguendo il celeste
e il soave dal rumor di bestie…
e i vortici si fissan fra le gote,
si fanno stelle…
che inumane frequenze…!

Indice

Finito di stampare nel mese di Aprile 2016
per conto di Youcanprint *Self-Publishing*

www.ingramcontent.com/pod-product-compliance
Lightning Source LLC
La Vergne TN
LVHW041439170726
843492LV00008B/2706